Hugh C. Gillies

The Gaelic Songs of the late Dr. Maclachlan

Hugh C. Gillies

The Gaelic Songs of the late Dr. Maclachlan

ISBN/EAN: 9783337181147

Printed in Europe, USA, Canada, Australia, Japan

Cover: Foto ©ninafisch / pixelio.de

More available books at **www.hansebooks.com**

DR JOHN MACLACHLAN

THE

GAELIC SONGS

OF THE LATE

DR. MACLACHLAN, RAHOY,

WITH PREFATORY BIOGRAPHY,

EDITED FOR THE

Ardnamurchan, Morven and Suineart

ASSOCIATION,

BY

H: C. GILLIES.

GLASGOW:
PRINTED BY ARCHIBALD SINCLAIR, 62 ARGYLE STREET.

1880.

PREFACE.

IN reissuing the songs of the late Dr. MacLachlan, the Association is actuated by a desire to give their countrymen, in a handy form a measure of the pure mother tongue, which is at once healthy, elevating, and inviting ; and they hope that while this may be of more peculiar interest in their own native districts, it will prove acceptable to the Gaelic-speaking people at large.

To a people essentially poetic, but whose force of spirit is now because of oppression sadly abated, it is hoped that these songs though their bulk be not large, nor their literary merit very high, contain so much of the true, healthy Gaelic life and language as will make them very welcome. The morbid hopelessness which stamps the face of every poor remnant of a departed greatness really calls for what of healthy breathing can be communicated to them by their fellows who, enjoying greater freedom, and to whom life being real, have grown up in sympathy with the expressed inspiration of their best life, beautifully and healthily breathed by their bards.

Many seek life and get unhealthy excitement, in low works of fiction, and the effect is certainly not good. The healthy Highlander has no pleasure in such literature ; he does not require, and does not appreciate excitement of this kind, but he has a pleasure and a delight in the beautiful, the pure, and the good, as these are so well set forth in his Gaelic lyric poetry.   There are exceptions we know "arising on the side of beauty and taste from vulgarity ; on the side of morals and feeling from coarseness ; on the side of mind and spirit from unintelligence," for which maladies we cannot possibly prescribe any remedy of a better kind than this savoury morsel of song from Dr. MacLachlan.

John MacLachlan was born at the farm-house of Rahoy, in the year 1804, in the centre of a district whose ancient history, rich traditional lore, and gorgeous scenery all combined to make it peculiarly a home of inspiration.

" Morvern and Morn and Spring and Solitude !
" In front, is not the scene magnificent.

And bathing its winding shores on the north

" A Highland Loch—Loch Sunart
" All shadowed there as in a spiritual world
" Where time's mutations shall come never more

The beauty seems

"All of one element ; nor wonder finds
"An end of wondering, nor Love of love
"Gazing together down the abyss divine.

Further to the west it is washed by the mighty flood of the Sound of Mull—

"Dark Mull thy mighty Sound
" Where thwarting tides in mingled roar
" Part thy swarth hills from Morvern's shore,

Of which Sir Walter Scott further says " In fine weather a grander or more impressive scene both from its natural beauties, and associations with ancient history and tradition *can hardly be imagined.*"   To the testimony of Professor Wilson, and Sir Walter Scott, it is not necessary that we should add, that of the many other writers who de-

clare this region " the most delightful in the British Islands."
It was here then that—

> " Roaming o'er the wilderness, the bard
> " Whose genius gave unto his native glens
> " A beauty and a glory not their own,
> " Peopling the mists with phantoms—the wild bard
> " Whom Morven in her sacred memories,
> " Dreaming of Ossian, aye will link with pride
> " To that great son of song—
> " Of sunshine, calms, and storms of thunder-gloom,
> " Did celebrate the virtues, and the forms
> " In which they were entwined
> " In Gaelic lyrics untranslateable.

His father was of the family of Dunadd, which estate,
famous in history as the capital of the ancient kingdom of the
Dalriads, his ancestors long possessed. After studying Me-
dicine in the University of Glasgow, he practised his art in
his native district, and so successful was he, especially in
some branches of his profession, that his fame was in all the
land. In Mull, Morven, Ardnamurchan, and Sunart, his
services were greatly prized. He was much beloved by the
poor, and commanded their confidence, affection, and respect
throughout his lifetime in a peculiar degree. His pro-
fessional labours though extensive were not of the most
remunerative kind, so that often towards the close of his life
he was in straitened circumstances. He owned a small pro-
perty at Dumbarton, but it is known, and here mentioned
to the honour of his memory, that whatever his difficulties,
however much his need, he never appropriated one penny of
the income from this source but uniformly gave it towards
the comfortable support of his two sisters, one of whom is
yet alive.

According to a peculiar trait of their character, the people
entwined his life with many wonderful, and marvellous

incidents. His student days are especially enriched by
unspeakable resurrectionist adventures. We with abated
breath, have often heard it told by the Oracle of the *"Céilidh"*
with a creeping pathos that made the very oiliest juvenile
hair stand on end, how in one of these adventures the
integrity of a sack, in which he carried off a " subject" giving
way, led to consequences which to the lay mind were altoge-
ther unearthly. .

> " He had rehearsed with such familiar power,
> " With such an active countenance, an eye
> " So busy, that the things of which he spake
> " Seemed present ;

In affairs of the heart his accidents are no less wonderful
and accredited.   It is told how on an errand of this nature in
which it was necessary for him to cross a considerable arm of
the sea, he availed himself of the accommodation of a
Highland bull that happened to be grazing in the neighbour-
hood in order to get across more conveniently. Getting the
bull afloat, and " holding on" he, it is said, managed to effect
a fairly expeditious transit in this unfamiliar way. He was
seen in the course of his progress by some natives, who, not
being in the way of seeing Highland bulls made available in
this manner, were not slow in ascribing his transport to
another uncouth agent, who was generally accredited with a
readiness to give a mysterious assistance to certain persons ;
and on this occasion the matter was beyond all doubt or
hesitation, " for" said they " we saw his horns."
    Nothing short of a special providence can have delivered
him from the many straits, into which he often led himself
in affairs of this kind, but it is remarkable that he always
made a creditable escape ; never once even did he fail.
Perhaps this explains the extent to which these stories contain
any truth.

So much of his life as we have in his songs, is essentially pure and healthy. It is true he had our common weaknesses in full measure, and sensitiveness of spirit in much greater measure than goes to constitute that more cautious, but less noble, uncharitable spirit of the " sons of arithmetic and of prudence," that would frown on a life with which it was impossible for their coarser clay to be in sympathy.

His certainly were natural talents of a very high order, which well directed should have carried him far into the front—his a poetic gift, of which we have but the few appended glimmerings, doubtless of the finest quality, and which cultivated might have borne great fruit. The life of a Physician, however, and his training are of such a kind, showing human life and human affairs in a light too often of a nature not at all calculated to inspire the spirit of poetry, as may in some part account for the limited exercise of his powers in this direction.

It is almost incongruous to meet with such exquisite tenderness in one having nothing of the typical man of feeling about him, but rather in an eminent degree the stature and bearing of the warrior with an expression of face royal in the highest sense. In person he was tall and powerfully built, erect and free—almost musical—in his motion ; and a large affable dignity of presence, and a thoughtful yet cheerful countenance gave a splendid character to an uncommonly well proportioned frame. Even in his latter years when pity, hitherto locked within, asserted itself on his features, and possibly also a discernible shade of remorse, when paralysis marred motion and expression, and when his circumstances and conditions of life had much changed, and doubtless much affected him, even then the nobility of character remained, inseparable to the last. He could not be small. Nature might well say of him, "*This was a man.*" We regret very much that no better portrait of

him can be got than the poor amateur effort from which our
lithograph is taken. It cannot serve much purpose to such
as never saw him. To those who were acquainted with him in
life, it may serve a blank outline into which they perhaps
more easily can recall the living expression.

Though his songs may not claim equal importance or value
with the great hoary epic of Ossian, with the vigour of
Mac Mhaighstir Alastair, with the passion of William Ross,
or the healthy rill of Donnacha Bàn, yet they possess several
of the best qualities of poetry in such degree as makes them
well worthy of preservation.

Dr. Clerk, Kilmaillie says " as to his poetical powers and
his exquisite ear for rhythm, there need be no reticence : he
was a poet and a very sweet singer." Of this quality noted
by Dr. Clerk, we may instance

> 'S iad a chuireadh an iomainn 's a leanadh i teann
> *Cho luath ri buic earba feadh gharbhlach nam beann,*

Than this last line we know nothing more exquisite, and
this beauty of melodious rhythm is not attained at the sacri-
fice of idea, for in this same line we have a complete picture
which to any one in sympathy with it is quite delightful.

His word paintings are always well toned, never heavy,
often charming.

> Tha guth na cuthaig air do stùchd,
> An smudan air do ghéig,
> Os ceann do lòn tha 'n uiseag ghrinn
> Ri ceileir binn 's an speur.
>
> Tha *suaimhneas* air gach luib fo bhlàth
> *Baigh* air gach creig 'us cluain
> 'Toirt a'm chuimhne mar a bha
> 'S na laithean thàrladh uainn.

No one can read these scenes but would wish he had his
lot in some such. One feels the crust of his spirit, the

rigidity of life softened and warmed by the imagination even
of so great a *suaimhneas* and such overflowing *bàigh*.

His use of words is also remarkably choice. Some of his
passages can compare favourably even with the recognised
beauties of Donnacha Bàn.

> Cluinnidh mi ' n *fhairge* ri *borbhan*
> 'Co-fhreagairt ri *torman* nan *dos* ;
> Cluinnidh mi *braoilich* nan *aimhnean*
> 'Co-fhreagairt ri *raoicich* nan *eas.*

This is a pretty piece of a word-weaving that is quite com-
mon with him ; there is no artificial stiffness about it ; it is
just as if the sea and the torrents had themselves spoken, and
each in its own great and peculiar dialect.

Akin to this quality is the peculiar suitableness of the airs
to the words of the songs. If one could conceive the songs
planted in a genial soil, these pretty airs would be their
natural flowers in bloom. They can not, in many cases, be
separated but at the complete sacrifice of meaning and effect.
One has no conception of the beauty of some simple ex-
pressions till they are sung.

We find this beautiful simplicity, and sympathy with the
tenderness of beauty, combined with large humane affections
which get adequate hearty expression ; and departing
further we find him at times throwing himself into the great
harmony of the troubled elements, and putting their great
commotion into human speech—into Gaelic, than which, for
such expression it has been long admitted, none other speech
is better or perhaps equally adapted.

> Feuch a nis beithir na beucaich
> A' srachdadh nan speuran le fuaim ;
> 'S ann shaoil leam, 'n uair chuala mi 'n riasladh,
> Gu-n tuiteadh an iarmailt a nuas.

With this we leave them to the reader, and heartily re-commend them to his study ; they will amply requite the trouble.

To the present edition there are added a few pretty pieces which did not appear in the first edition published by Mr. Sinclair, though they all are given in his lately-published splendid collection, the *Oranaiche*. " Ho ro gu'm mi ga d' chaoidh," is here given. We have every reason to believe it is in its proper place from personal testimony as well as from the evidences in the song itself. Other pieces are given about which never was any doubt.

We regret that we cannot give the airs with the songs. Should it be found desirable we shall endeavour to give the music in a convenient form as soon as possible.

We also give a " Marbhrann" to Dr. MacLachlan, by Mr. Duncan MacPherson, which requires no apology—a creditable production, well expressing the affection and respect in which the subject of it was held by the people among whom he lived and died.

DAIN AGUS ORAIN.

DUANAG.

AIR FONN :—"*An Gille dubh cha tréig mi.*"

O ! seinnidh mi mo dhuanag ;
Seinneam, seinneam suas i :
Seinnidh mi do'n ghruagaich
    'G am bheil an gluasad farasda.

'S moch a rinn mi éiridh
'S a' mhaduinn chùbhraidh, Chéitein ;
Gathan ciùin na gréine
    A' lasadh speur 's a' chamhanaich.

A' ghrian cho tlàth, 's cho òirdhearc,
'Soillse àrd nam mòr-bheann ;
Smùid thar dhealt nan lòintean,
    'S an drùchd 'n a lòd air mheanganan.

Sud e air an stùchd ud
An coilleach dubh a' dùrdail ;
So i 'chuthag shunndach,
    'Us sùrd aic air a caismeachd.

Feuch an uiseag bhòidheach
Ag éiridh as a' mhòintich,
'S ag itealaich le sòlas
    Os ceann a còsaig fholaichte.

Tha seillein beag na Bealtuinn
'Dol seachad oirnn 'us srann aig',
A thrusadh a mhil shamhraidh ;
   'S cha chuir an geamhradh ainnis air.

O'n thuit dhomh bhi 's a' chòisridh,
Seinneam leis a' cheòlraidh—
Seinneam duan do'n òigh-ghil,
   Gu sunndach, deònach, caithreamach.

'S e smuainteachadh mu'n mhaighdinn
A's àbhaist dhomh gach oidhche—
A' cuimhneachadh do chaoimhneis
   'S e chum an raoir 'am chaithris mi.

Tha d'anail leam na's cùbhraidh,
'N uair labhras tu gu ciùin rium,
N' am barrach òg a' brùchdadh
   A mach le tùis na meala dheth.

Ach cia mar ni mi luaidh
Air na h-uile dreach 'us buaidh ort,—
Do nàdur geamnaidh, stuama,
   Gu soitheamh, suairce, ceanalta.

Cinnteach tha e 'n dàn domh
An gaol a thug mi mhàin dhuit,
Nach dealaich e gu bràth rium
   Gus am fàg an anail mi.

O ! sonas agus àgh ort
Ri fad do ré, 's do làithean ;
'S am freasdal, anns gach àite,
   Le 'ghràsan, a bhi maille riut.

ORAN.

AIR FONN :—"*Gu mo slàn gu-n robh 'm fiùran
'Chaidh a null uainn thar saile.*"

Ni mi òran le dùrachd,
O hì na hì ù o,
Do rìbhinn a' chùil duibh,
    'S grinne sùgradh 'us mànran.

Slàn iomradh gu d' ionnsuidh,
'S tu 'chuireadh gu sunnd mi,
'N uair a chithinn do shùil ghorm
    A' tionndadh gu blàth rium.

Sùil ghòrm a's tlàth sealladh,
Lìonta, ciùin fo d' chaol mhalaidh ;
Gruaidh mar ròs dearg 'n a earradh,
    Beul tana, fiamh-ghàir air.

Beul tana, glan, mìnealt'—
Deud shnaighte, ro dhìonach,
Bu cheanalta brìodal,
    'S o'n sìobhalta fàilte.

D' fhàilte 's d' fhuran a b' fhiù leam,
'Tighinn o'n anail a's cùbhraidh
Na barrach a' brùchdadh
    Air ùr dhos a' Mhàighe.

Gu bheil suairceas le ceanal
Ann an gluasad na h-ainnir,
'Tha o 'bonnaibh gu 'ceannaidh
    Gun ainneamh, gun fhàilinn.

Leam bu taitneach 'bhi 'sùgradh,
'S 'g ad theannadh gu dlùth rium,
'S mo làmh bhi gu cùirteil
    A nunn fo d' chùl fàineach.

Leat mo dhùrachd 's mo bheannachd,
Bi'dh mo rùn ort ri m' mhaireann,
Chaoidh cha tréig mi mo ghealladh
    Gus an dealaich am bàs sinn.

ORAN.

Air Fonn :—" *O nighean donn nan gabhar.*"

Ged a tha mi 'n nochd 's a' chòisridh
Maille ri fleasgaichean bòsdail,
'S nìonagan cho rìomhach, spòrsail,
    Le sìoda 's le sròl a' danns'.

Nìonagan cho rìomhach, stràiceil,
'S beag a chuir mi dh' ùigh 'n an àbhachd,
'S mòr gu-m b' annsa leam 'bhi 'mànran
    Riut, a ghràidh, air sgàth an tùim.

'S mòr gu-m b' annsa leam 'bhi 'sùgradh
Leis an nìonaig chaoin-ghil, chùil-duibh,
Anns an doire 'n goir an smùdan,—
    Bun an stùic air ùrlar glinn.

Chi mi pailteas deoch 'g a taomadh,—
Fìon, 'us branndaidh, 's brìgh a' chaochain ;
B' annsa leamsa uisg' an aonaich
    O d' làimh chaoimh, aig taobh an uillt.

'S ann a bhòdhras iad le 'n ceòl mi,—
Pìob, 'us fidhleireachd, 'us bòilich ;
'S mòr bu bhinne leam do chòmhradh,
   'S d' òrana 'bu mhòdhar fuinn.

'S ann leam fhéin bu bhinne 'chòisridh
Anns a' mhaduinn Chéitin, cheòthar,—
Uiseagan os ceann nan lòintean,
   Smeòraichean air meòir 's a' choill.

Crodh a' nuallanaich 's a' geumnaich,
Laoigh a' riodais, 'us a leumnaich,—
Buachaillean a' ruaig a' chéile,
   A' cumail an treud ud cruinn.

Sud e 'n ceòl a's binne 'chualas,
Luinneag fòil aig bannal ghruagach,
Aig iomain a' chruidh laoigh do 'n bhuaile,—
   Cuach, 'us buarach air an druim.

Mo leannan fhèin 'n an teis-meadhoin,
'Seinn an òrain cheòl-mhoir, mhilis,—
Anail chùbhraidh, deud a's gile,
   Anns a' bheul a's grinne ponc.

Lasadh mo chridhe le gràdh dhuit
'N uair a nochdadh tu air fàireadh ;
'S tu cho geal ri cobhar sàile
   'Tigh'n gu tràigh air bhàrr na tuinn'.

Ged a thug mi ré a' gheamhraidh
Air na sràidean anns a' Ghalltachd,
Bi'dh mi 'triall 'an tùs an t-shamhraidh
   'Shealtuinn m' annsachd anns na glinn.

Théid mi 'shealltuinn air an ainnir
'N uair a thriallas uainn an t-earrach,
Leam bu taitneach suidhe mar riut,
    Mo làmh tharad, 's mi ruit teann.

Leam bu taitneach suidhe làmh riut
Ann am bhreacan air an àiridh,
Ag éisdeachd ri d' chòmhradh màlda,
    Bhiodh mo làmh fo 'd leadan donn.

CUMHA.

Air Fonn :—" *O! 's toil leam mo nìonag.*"

Thàinig sgeula mo chruadail
Gu-n do chuir iad 's an uaigh thu,
'S goirt mo chridhe bho 'n chuala,
    Ged nach d' fhuasgail mo dheòir.

Tha do leaba lom, fuaraidh ;
'S trom do chodal, 's ro bhuan e ;
Chaoidh cha-n éisd thu ri m' luaidh-sa,
    'S cha ghluais thu ri m' cheòl.

Bha do ghluasad gun eucoir,
Gun uireasbhuidh céille ;
Leam bu taitneach 'bhi 'g éisdeachd
    Ri séisde do bheòil.

Tha do bheul a nis dùinte ;
Cha-n 'eil léirsinn 'na d' shùilibh,—
S fuar an cridhe 'bha mùirneach,
    Anns an ùir, 's e gun deò.

Mar bhuanaich am bàs thu
Seach na dillsean 'tha làthair,
Cinnidh feanntag 's a' ghàradh
   'N uair thig fàilinn 's an ròs.

Sud an ròs a bha cùbhraidh
Air géig nan dos ùrail,
B' òg 's a' mhaduinn e 'bhrùchdadh ;
   Sheachd 'us shùigh e trà-nòin.

Chuir thu mise gu smaointinn,
Nach innis mi 'dhaoine ;
'S mairg 'chuir ùigh anns an t-saoghal,—
   'S iomadh caochladh 'teachd oirnn.

Ged tha càirdean gu deurach,
'S faoin an cumha leam féin e ;
'Théid gu cuirm 'us cùirt éibhneis
   'Giùlan éididh a' bhròin.

Ged tha m' éideadh gun mhùthadh,
'S mi gun deur air mo shùilibh,
Gus an cuir iad 's an ùir mi
   Bi'dh mi 'd ionndrainn ri m' bheò ;

Chionn bu toil leam an nìonag,
Bu ro-thoil leam an nìonag :
Mo sgeul dubhach 'g a innseadh
   Thu bhi 'd shìneadh fo 'n fhòid.

DO LEANABH.

Dean cadalan sàmhach a chuilein mo rùin,
Dean cadalan sàmhach a chagair 's a rùin;
Cò nach tugadh a ghràdh dhuit,
'S gur àillidh do ghnùis?
Dean cadal a phàisdein
Gu samhach, sèimh, ciùin,—
Gu-n robh sonas 'us àgh leat
Gu bràth anns gach cùis.

Do shùil lìonta ghorm, mheallach
'S tlàth 'sheallas gach uair,
'Nis air dùnadh 'an cadal
Fo d' mhalaidh gun ghruaim;
D' aghaidh fhlaitheasach, shìobhalt
A's mìnealta snuadh,
Gun àrdan, gun mhì-rùn,
Air sìneadh 'an suain.

Ge b'e 'sheallas gu faoilidh
Air d' aogas gun smùr,
Cha-n fhaic e ach caomhachd
Gu naomhail a' d' ghnùis;
Gur a cùbhraidh' leam d' anail
N' am barrach 's a' bhrùchd:
'S e 'neòinein do shamhladh
'Maduinn shamhraidh fo dhrùchd.

Chuir am Freasdal gu bàigheil
Gach àgh air do shnuagh:
O! gu-n tugadh e 'd nàdur
Co-fhàs leis 'am buaidh:
Gu-m fàs thu gu banail
Ciùin, ceanalta, suairc',
'Tabhairt aoibhneis do d' mhàthair
An déigh d'àrach a suas.

O ! guidheam, a leinibh,
Dhuit 'an deireadh mo dhàin,
Am Freasdal bhi 'd stiùradh
Le 'chùram gach là,
Gus an tàmh thu gu sàbhailt'
'An cala nan gràs,
'S do chàirdean ga d' chòmhlach'
Le deòthas, 'us fàilt'.

DO'N CHUTHAIG.

Failt' ort féin, a chuthag ghorm,
    Le d' òran ceòlmhor, milis ;
'S e seirm do bheòil 's a' Chéitein òg
    A thogadh bròn o m' chridhe.

'S ro bhinn leam d' fhuaim 's a' mhaduinn chéit',
    'S tu air bàrr géig 's an innis,
No 'm feasgar ciùin aig bun nan stùchd
    'N uair bhiodh an drùchd a' sileadh.

O ! innis c' àit' an robh do thriall
    'N uair bha na siantan fionnar ;
N' an robh thu tosd gun chàil, gun toirt,
    'An còs a' chnuic fo dhubhar ?

'S mòr m' fharmad riut, a chuathag chaomh,
    Cha dean thu bròn 'n ad shiubhal ;
'Chionn tha do dhoire daonnan gorm,
    'S do chridhe daonnan subhach.

Ged theicheas tu roimh'n fhuachd air àm
    Gu-m faic do ghleann thu rithis ;
Ach 'n uair bheir mise ris mo chùl
    Cha bhi mo dhùil ri tilleadh.

'S truagh nach b' urrainn domh leat triall
  Air astar sgéith' 'n ar dithis,
Le caismeachd bhinn 'toirt fios gach àm
  'N uair bhiodh an Samhradh 'tighinn.

ORAN.

AIR FONN :—" *Fly, let us all to the bridal.*

Dìreadh 's a tearnadh nam bealaichean,
  Hóro 's aigeannach mi,—
Ged rachadh an saoghal gu gearan
  Cha leig mise smal air mo chrìdh'.

Ag imeachd gun solus, gun soillse,
  Fo dhubhar nan coilltean leam féin,
Cha-n fhaic mi le dorcha na h-oidhche
  Ach dealan a' sitheadh troimh 'n speur.

Cluinnidh mi 'n fhairge ri borbhan,
  'Co-fhreagairt ri torman nan dos ;
Cluinnidh mi braoilich nan aimhnean,
  'Co-fhreagairt ri raoicich nan eas.

'N uair dh' fhosglas doras nan speuran
  'S a bhoillsgeas an dealan o 'n iar
Chi mi na neòil dhubha 'taomadh,
  'Us saoghal fo thaosgadh nan sian.

Feuch a nis beithir na beucaich
  A' srachadh nan speuran le fuaim ;
'S ann shaoil leam 'n uair chuala mi 'n riasladh
  Gu-n tuiteadh an iarmailt a nuas.

Ged is unmhasach dhòmhsa 'bhi 'g imeachd,
 'N am aonar gun ghealach, gun ghrian,
Tha m' aigne gun chùram, gun eagal,
 'S mo chridhe gun teagamh, gun fhiamh.

D' é 'chuireadh fiamh orm 's a' chunnart?
 Nach 'eil mi 'an cuideachd mo Dhé;
Le cridhe nach meataich fo àmhghar,
 'S gun ghamhlas do neach 'tha fo 'n ghréin.

Ach chi mi solus gun luasgan
 Aig ìochdar a' chruachain ud thall,
Dreòis na céir' ann an uinneig,—
 'S e 'deàrsadh mar rionnaig a th' ann.

O'n fhuair mi reul-iùil air an rathad,
 'S mi cinnteach gu-n d' amais mi gleann,
Théid mi le sunnd thar a' chaislein,
 Ged tha mi car airsnealach, fann.

Ruigidh mi dorus mo charaid,
 Gun chùram, gun fharral, gun sprochd;
Bi'dh esan le ìoghnadh a' farraid,
 " D' é 'chuir an rathad thu 'n nochd?

" Ciod é 'chuir thu nall thar a' chreachainn
 Gun uiread 'us breacan ga d' dhìon?
Gach dùil anns na speuraibh 'an aimhreit,
 'S mòr m' eagal gu-n d' chaill thu do chiall."

Freagraidh mise le spraichd e,
 " Ciod é sin an fharraid 'tha ort?
Thoir a nall fear a leasachadh cléibhe,—
 Cha-n fhaigh thu mo sgeul uam gun deoch."

'Sunndach a théid mi do 'n leabaidh,
 'S a gheibh mi mo chadal le suain;
Moch-thrà 'n àm éiridh 's a' mhaduinn
 Cha-n fhaic iad mo mhala fo ghruaim.

ORAN.

AIR FONN :—"*Coille Chragaidh.*"

'Nis o 'n chaidh an sgoth 'n a h-uidheam
    Suidheam air a h-ùrlar ;
Cuiribh ògfhear scòlta, sgairteil,
    Do Chloinn-Airt g' a stiùradh ;
'Nall am botal, lìon an copan,
    Olamaid le dùrachd
Deoch-slàinte gach creutair bochd
    'Tha 'n diugh fo sprochd 's an dùthaich.

Siùdaibh 'illean, càiribh rithe,
    Bithibh cridheil, sunndach,
Thugaibh làmh gu h-ealamh, dàn'
    Air cur an àird a siùil rithe :
Na biodh cùram oirbh, no eagal,
    Seasamaid ar cùrsa ;
Ruigidh sinn gu cala sàbhailt'.
    Ged is dàn' an ionnsuidh.

Chaidh sinn seachad air a "Ghràtair"
    Ged a b' àrd a bhùirich—
Ged a bha'n " Bun-dubh " cho gàbhaidh
    Ràinig sinn a nunn air ;
'Dol seachad " Soi," 'Righ bu mhòr
    An crònan 'bh' aig na sùithein ;
'S e mo ghràdh an stiùradh grinn,
    Nach leigeadh mill g' ar n-ionnsuidh.

Nunn do Mhuile, nunn do Mhuile,
    Nunn do Mhuile théid i,—
Nunn do Mhuile air bhàrr tuinne
    Ged robh 'mhuir a' beucaich.
'S mi 'tha sunndach air a h-ùrlar,
    Air bhàrr sùigh ag éiridh,—
Mo ghràdh an iùbhrach làidir, dhùbailt',
    'S na fir lùthmhor, ghleusda.

ORAN.

A ghlinn ud shìos, a ghlinn ud shìos,
    Gur trom an diugh mo shùil,
A' dearcadh air do lagain àigh
    Mar b' àbhaist doibh 'o thùs.

Tha do choilltean fathasd dosrach, àrd,
    'S gach sìthein àillidh, uain';
'S fuaim an lùb-uillt nuas o d' fhrìth'
    'N a shuain-cheòl sìth 'am chluais.

Tha 'n spréidh ag ionaltradh air do mhàgh, —
    Na caoraich air an raon :
Tha 'churra 'g iasgach air do thràigh,
    'S an fhaoilean air a' chaol.

Tha guth na cuthaig air do stùchd,
    An smùdan air do ghéig, —
Os ceann do lòn tha 'n uiseag ghrinn
    Ri ceileir binn 's an speur.

Tha suaimhneas anns gach luibh fo bhlàth, —
    Bàigh air gach creig 'us cluain,
'Toirt 'am chuimhne mar a bha
    'S na làithean 'thàrladh uainn.

Fuaim do chaochain, fead na gaoith',
    'Us luasgan àrd nan geug,
'G ath-nuadhachadh le còmhradh tlàth
    Nan làithean àigh a thréig.

Ach chi mi d'fhàrdaich air dol sìos,
    'N an làraich', fhalamh, fhuar ;
Cha-n fhaic fear-siubhail, far nan stùchd
    Na smùidean 'g éiridh suas.

Do ghàradh fiadhaich 'fàs gun dreach,
　　Gun neach g' a chur air seòl,
Le fliodh 'us foghnain ann a' fàs,
　　'S an fheanntag 'n àite 'n ròis.

O ! c'àit' am bheil gach caraid gaoil
　　'Bu chaomh leam air do learg
A chuireadh fàiltean orm a' teachd,
　　'Us beannachd leam a' falbh ?

Tha 'chuid a's mò dhiubh anns an ùir,
　　'S an t-iarmad fada bh' uainn,
Dh' fhàg mis' am aonaran an so,
　　'N am choigreach nochdta, truagh.

'N am choigreach nochdta, truagh, gun taic',
　　'S an aiceid ann am chliabh,—
'N aiceid chlaoidhteach sin nach caisg —
　　'G am shlaid a chum mo chrìch'.

'G am shlaid a chum mo chrìch le bròn ;
　　Ach thugam glòir do 'n Ti,
Cha tug e dhòmhsa ach mo chòir—
　　Ri 'òrdugh bitheam strìochdt'.

Tha lòchran dealrach, dait', nan speur
　　Air tearnadh sìos do 'n chuan,
'Us tonnan uain' na h-àirde 'n iar
　　Ag iadhadh air mu 'n cuairt.

Sgaoil an oidhch' a cleòc' mu 'n cuairt,—
　　Cha chluinn mi fuaim 's a' ghleann ;
Ach an ceàrdabhan, le siubhal fiar,
　　Ri ceòl a's tiamhaidh srann.

A ghlinn ud shios, a ghlinn ud shios,
　　A ghlinn a's ciataich' dreach,
A' tionndadh uait 'dhol thar do shliabh
　　Mo bheannachd sìorruidh leat !

ORAN.

Gur moch rinn mi dùsgadh, 's an ùr mhaduinn chéit',
'S a dhìrich mi 'm bruthach gun duin' ach mi féin,—
Tha 'ghrian air a turas a' siubhal troimh 'n speur,
Dealt na h-oidhche a' tùirlinn thar ùr dhos nan geug.

A' dìreadh an aonaich ri aodan a' chùirn,
'S binn torman a' chaochain a's aoidheala bùrn,
Le 'ròis air gach taobh dheth ag aomadh fo 'n drùchd,
'S e ri dcàrrsadh na gréine ag éiridh 'n a smùid.

'S binn na h-eòin feadh nam preasan gu leadarra 'seinn ;
Tha 'n uiseag làn sòlais ri ceòl os mo chionn ;
Na ba laoigh anns a' gheumnaich air an réithlein ud thall,
'S mac-talla nan creagan 'g am freagairt air ball.

'S àluinn trusgan a' ghlinne suas gu binnein nan stùchd ;
'S cùbhraidh bòltrach nan luibhean 'n am chuinnein mar
    thùis ;
Ged 's bòidheach gach doire anns a' choillidh 's a' bhrùchd,
Ged tha 'm barrach cho ùrail cha dùisg e mo shunnd.

'An so air faobhar a' mhullaich gur muladach mi,—
Ceann-aobhair mo thuiridh leam gur duilich r' a ìnns';
Nach dìrich mi tuilleadh ri munadh 's an tìr—
Nach dean mi cùis-ghàire 'n gleann àillidh mo chrìdh'.

Cha-n 'eil gleannan cho aoidheil ri 'fhaotainn mu-n cuairt,
Le d' bheanntainean àrda 'cuir sgàth ort o'n Tuath ;
Ann an dùdlachd a' gheamhraidh gun ghreann ort, gun
    fhuachd ;
Mo sgaradh 's mo chràdh-lot a bhi d'fhàgail cho luath.

Ged is iomadh fear finealt' anns na h-Innsean ud thall,
'Chaidh a dh' iarraidh an stòrais, o'n tha 'n t-òr oirnn cho
    gann :
Am fear ainneamh de 'n àireamh a thig sàbhailt' a nall
'N a bhodach gun spéirid, odhar, éisleineach, fann.

Air tilleadh do 'n dùthaich 's e 'dhùisgeas am bròn
'Bhi 'faicinn m'a choinneamh luchd-comuinn na h-òig'
Cho sunndach, geal, loinneil, ged tha 'ghoinne 'nam pòc,-
Gun uireasbheadh slàinte, ged tha iad gun stòr.

'S mairg a mholadh na h-Innsean 's gach rioghachd o
    dheas ;
'S am bi 'cholan 's an inntinn 'g an striochdadh le teas :
Far nach urrainn dhuit gluasad gun fhuathas 'us geilt,'
Agus uamh-bheist 'g a chùbadh fo dhùiseal nam preas.

'S mi 'ghluaiseadh gun smalan ann an gleannan an àigh ;
'S moch a shiùbhlainn do phreasan gun teagamh, gun
    sgàth ;
Anns an òg mhaduinn chùbhraidh, 'n uair bhiodh drùchd
    air gach bàrr,
Nàile dhìrinn ri d' stùchd bheinn gun chùram roimh nàmh.

Ach 's tiom dhomh bhi 'g éiridh, 's bhi téurnadh o'n àird ;
Cha dean luinneagan feum dhomh, cha dean éigheach
    dhomh stàth ;
Feuch am bàta fo 'còmhdach aig còmhnard na tràigh,
Tha gu m' ghiùlan null thairis á gleannan an àigh.

Bheir mi sùil thar a' bhealaich air na beanntan mu-n
    cuairt ;
So an sealadh mu dheireadh air gach gleannan 'us bruach ;
A' fàgail leibh beannachd, 'n àm dealachadh uaibh,
A' téurnadh an aonaich 's iad mo smaointean tha truagh.

Ach 's diomhain mo smuaintean, nach faoin dhomh bhí
    'caoidh,
Cha-n 'eil neach anns an t-saoghal 'g a fhaotainn le dhiù ;
Ge blàth an fhuil chraobhach 'tha 'taosgadh o m' chridh
'S ro gheàrr gus nach plosg i fo phlocan 's a' chill

Thi chruthaich an saoghal 's a chuir na daoine so ann,
'S a thug dhuinne Fear-saoraidh a dh' aontachadh leinn—
Tha thu 'g éisdeachd ri m' òran, cho brònach 'g a sheinn ;
Bi'dh mi 'striochdadh do d' òrdugh ; bheir thu dhòmhsa
    mo roinn.

ORAN.

Air Fonn :—" *Hail to the Chief.*"

'S neo-shunndach leam m' aigne o'n dhùisg mi 's a' mhad-
    uinn,
'S mo shùil thar an aisig gu glas-bheinn a' cheò ;
Mo dhùrachd 'bhi thall ud, 'bhi dlùth ris an ainnir,
Le sùgradh tairis 'g a tarruing a'm chòir ;
Gur muladach m' inntinn, fo airsneal 's fo mhighean,
Ag ionndrainn na h-ìonaig, 'us briodal a beòil ;
Bho na chaidh mo ghaol lurach null thairis do Mhuile
Cha dean mi car tuilleadh ach tuireadh 'us bròn.

Ge sunndach 's ge h-éibhinn, 's an ùr mhaduinn chéitein,
Bhi 'dìreadh nan sléibhtean 's a g' éisdeachd nan eòin.
Ge h-ùrail an sealladh dealt dlùth 'us drùchd meala
'Bhi 'lùbadh gach meangain, 's a sreamadh gach feòirn,
'S ann tha aobhar mo chùraim thar caol nan tonn dù-
    ghorm,
'M bi luingeas a' brùchdadh fo thùchadh nan seòl ;
Mo dhùil ri dol thairis a null thar an aisig,
'S gu-n dùisginn an ainnir le aithris mo bheòil!

Mo dhùil ri dol thairis, 's mo shùil air a' chala,
Tha smùid thar a' bhaile mar bhadan de'n cheò ;
Bu luaineach mo chadal le bruadair mu 'n ainnir,
A's suairce 's a's ceanalt' 's a's banaile nòs ;
Gach dreach 'th'air an nìonaig O ! 's deacair dhomh 'n
    innseadh,
'Tha i farasda, fìnealta, inntinneach, òg ;
Mo rùn do chaol mhala, do mhìog-shuilean meallach,
Deud gheal 'n ad bheul tairis, gruaidh thana mar ròs.

Tha soirbheas air éirigh o bhruaillein nan speuran,
'Cur luingeas 'n an éiginn, 's a' reubadh nan seòl ;
Cha-n fhaodar leam aiseag, o 'n chaochail an latha—
Tha 'n caol 'n a chaoir ghealca 's muir ghreannach fo chròic ;
Na-m biodh agamsa sgiathan, 's mi 'shracadh an iarmailt,
Ged a bhacadh gaoth 'n iar mi, 'us iarguil nan neòil,
Gu-m bithinn 'cheart ain-deoin, ri gualainn mo leannain ;
B' e m' ulaidh, 'us m' aighear, bhi teannadh 'g a còir.

DI-MOLADH AN UISGE-BHEATHA.

AIR FONN :—" *Crodh laoigh nam Bodach.*"

Cha-n òl mi deur tuille, deur tuille, deur tuille,—
Cha-n òl mi deur tuille, deur tuille de'n dràm ;
Cha-n òl mi deur tuille, cha dean mi ris fuireach,
'S mi cinnteach gu-n cuireadh e 'n tubaisd 'am cheann.

Gur mis 'tha gu brònach, 'am luidhe 's tigh-òsda,
Mi 'teannadh ri òran le bòidean gu teann ;
Ag éirigh air m'uilin, 's ag éigheach gu duineil,
" Cha-n òl mi deur tuille, deur tuille de 'n dram."

'S tròm éisleineach m' aigne 'n àm éirigh 's a' mhaduinn,
Mo bhriogais mu 'm chasan 'g a tarruing a nall,
Mo bhriogais 'n a stròicean, cha dean i mo chòmhdach—
'S e éigheach nan stòp 'chuir am pòca cho gann.

Le m' chois air an ùrlar, 's gann tha mi air dùsgadh,
Gur miosa na brùid mi le stùrdan 's a' cheann ;
Le smal air mo léirsinn 's an t-snigh' air mo léine,
Mo chridhe làn éislein le speuradh do 'n dram.

Mo léirsinn air tuiteam, cha léir dhomh mo thrusgan ;
Cha-n 'eil mi ach tuisleach, a' trusadh gach ball ;
Ann an seòmar na bochdainn, ag iarruidh gach oisinn—
Ciamar théid mi air choiseachd 's na h-osain air chall ?

Tha muinntir an tighe ri bùird, agus fanoid,
O 'n dh' éirich mi falamh, cha-n fhaigh mi an taing ;
Bu bhriathrach an raoir iad 'n àm lasadh nan coinnlean,
'An toiseach na h-oidhche bu chaoimhneil an cainnt.

Bi'dh iadsan cho fiadhaich mur pàigh thu na fiachan,
Gach latha 's a' bhliadhna 'g an iarraidh gu teann,
'Cur cagar a' d' achlais le briathran a' mhaslaidh,
"Tha agam ort tasdan 'us aisig i nall."

Bi'dh esan cho spòrsail 's a' chlachan Di-dòmhnaich,
O'n cheannaich e còta le pòiteir an dram ;
Clann ceathairne chòir' ann, gun bhoineid, gun bhrògan,
'S nighean dubh an tigh-òsda le sròl air a ceann.

Sguiridh mi 'n bhéisd ud, cha bhi mi 'g a éighcach
Gun fhios a'm fo 'n ghréin, ciod am feum a tha ann,
Their na fir làidir, 'n uair chi iad air sràid mi,
"Tha pòit an tigh-thàirne 'g a fhàgail-san fann."

Cha-n òl mi deur tuille, cha dean mi ris fuireach ;
Cha téid mi le furan 'an cuideachd mo chall ;
'N uair chluinneas mi'n deoch ud 'g a h-éigheach le frogan,
Bi 'dh iallan mo sporain g' an roladh gu teann.

ORAN.

So 'n am shìneadh air an t-sliabh,
   'S mi ri iarguin na bheil bh'uam,
'S tric mo shùil a' sealltuinn siar,
   Far an luidh a' ghrian 's a' chuan.

Chi mi thall a h-aiteal caomh,
   'Deàrrsadh caoin ri taobh na tràigh,
'S truagh nach robh mi air an raon
   Far an deach' i claon 's an àillt.

'S truagh nach robh mi féin an tràs
   Air an tràigh a's àirde stuadh,
'G éisdeachd ris a' chòmhradh thlàth
   Th' aig an òigh a's àillidh snuagh.

Aig an òigh a's àillidh dreach,
   'S gile cneas, 's is caoine gruaidh :
Mala shìobhalt', mìn-rosg réidh
   Air nach èireadh bréin', no gruaim.

O ! nach innis thu 'ghaoth 'n iar,
   'N uair a thriallas tu thar sàil',
Ciod an dòigh a th' air mo ghaol,—
   'Bheil i 'smaointinn orms' an tràs'?

'N uair a shìn mi dhuit mo làmh
   Air an tràigh a' fàgail tìr,
'S ann air éiginn rinn mi 'ràdh,
   " Soraidh leat, a ghràidh mo chrìdh'."

'N uair a thug mi riut mo chùl
   Chunnaic mi thu 'brùchdadh dheur:
Ged a shuidh mi aig an stiùir
   'S ann a bha mo shùil 'am dhéigh.

Chaidh a' ghrian fo stuaidh 's an iar,
  Dh' fhàg i fiamh air nial a' chuain ;
'S éiginn dhomh o'n àird 'bhi 'triall—
  Sguir an eunlaith féin d' an duan.

Mìle beannachd leat an nochd—
  Cadal dhuit gun sprochd, gun ghruaim ;
Slàn gun acaid feadh do chléibh,
  Anns a' mhaduinn 'g éirigh suas.

DUANAG.

Air Fonn :—Ni mi duan do 'n ghruagaich bhanail
  Rìbhinn chaoin an aogais fhlathail,
  Seinnidh mi mo dhuan do 'n ainnir
    'Dh' fhàs gu banail, banndaidh.

Seinnidh mi mo dhuan do 'n òigh'
A chum a chòmhail 's an tigh-òsd',
Ged a tha i 'n tràsa pòsd',
  Gu 'n cuir mi 'n òrdugh rann di.

Phòs thu 'n diugh ri fear do roinn,
'Leanas riut a là 's a dh' oidhch';
Ach chum thu 'chòmhail ud an raoir,—
  Bu chiùin a rinn thu cainnt rium.

Bu chiùin a chuir thu sud 'am chluais,
'S a h-uile h-aon 's an àird 'n an suain,—
" Feuch, a ghràidh, nach gabh thu gruaim
  Ged chaidh mi uait gun taing dhomh."

Anns a' mhaduinn chunnaic mi
Thu ann ad sheasamh air leth sgìos,
'S fear an teagaisg a' cuir sìos duit,—
  Cha bu bhinn a chainnt leam.

Ged a bhiodh tu 'dol fo 'n fhòid,
'An ciste chumhain, chaoil nam bòrd,
Cha bhiodh do ghnùis gun tuar na 's mò
    'N uair chaidh na bòidean teann ort.

'S e sud a chum mi féin fo phràmh
'N am shuidhe diùidi am measg chàich,
'Do thug thu 'n t-sùil ud orm cho blàth,
    Ged bha thu a' d' bhean-bainnse.

'S tric a bhoidich thu ri m' thaobh
Nach tigeadh mùthadh air do ghaol ;
Ach b' éiginn sud a chur fa sgaoil
    Bho 'n chinn an saoghal gann dhuinn.

Mur biodh na h-uile cùis mar tha,
'S mi anns an àm so gann 'am làimh,
Cha leiginn thu le fear gu bràth,
    Ged dheanadh càirdean aimhreit.

Gur soitheamh, sìobhalta do ghnùis
Fo d' mhala chaol nach claon le mùig ;
Bu chiùin, ro-aoigheil leam do shùil,
    Cho caoin ri drùchd an t-samhraidh.

Eisdeachd foill ri d' òrain loinneil
'S binne còir no ceòl a' choilich,
Moch air maduinn cheò a ghoireas,
    Anns an doire channdail.

ORAN.

AIR FONN :—" *The Rock and the wee puckle tow.*"

Tha triallairean Albainn ri aimhreit an tràs',
    Ach 's beag is mo leamsa ciod a their iad ;
A' siùbhal gach dùthcha, 'g an dùsgadh gu fearg,—
    Ach 's beag is mo leamsa ciod a their iad :

Fadadh-cruaidh air an gruaidh shuas anns na crannagan,
 Sùil chlaon air gach taobh 'glaodhaich gu faramach,
"Mur aontaich sibh leinne bi'dh sibh sgriosta gun dàil ;"
 Ach 's beag is mò leamsa ciod a their iad.

Aig an Athair tha brath air an aidmheil a's feàrr,
 Ged is beag is mò leamsa ciod a their iad ;
Co 'n t-aon a tha ceart, no co e 'tha ceàrr,—
 Ged 's beag is mò leamsa, ciod a their iad.

'S ann their luchd aidmheil ri 'chéile, " Cha-n 'eil stéidh
 ann ad theagasg,—
Tha sgriobtur 's a' Bhìobull, ag ìnnseadh gun teagamh,
Gur mise 'tha ceart, agus thusa 'tha ceàrr ;"
 Ach 's beag is mò leamsa ciod a their iad.

'S e m' athchuing 's a' mhaduinn ri Athair nan gràs.--
 Ged 's beag is mò leamsa ciod a their iad,
E 'chumail mo chridhe gun smal air gu bràth,
 Ged 's beag is mò leamsa ciod a their iad.

Le seirc 'us truas, iochd do 'n t-sluagh, 's a bhi gun uaill
 spioradail,
Dùilean breòit' a tha fo leòn fheòraich 'n an trioblaid ;
Ged theireadh gach fear dhiubh gu-n robh mi gun ghràs,
 Gur beag is mò leamsa ciod a their iad.

ORAN.

AIR FONN:—

" Och ! och ! mar tha mi 's mi so 'n am aonar,
 A dol troimh 'n choill far an robh mi eòlach,
'S nach 'fhaigh mi àit' ann am fhearann dùchais,
 Ged phàighinn crùn air son leud na bròige."

Neo-bhinn an fhuaim leam a dhùisg á m' shuain mi,
 'S e tighin a nuas orm o chruaich na 'mòr-bheinn,—
An ciobair Gallda, 's cha chòrd a chainnt rium,
 E 'glaodhaich thall ri cù mall an dòlais.

Moch maduinn chéitein 'an àm dhomh éirigh,
  Cha cheòl air gheugan, no geum air mòintich,
Ach sgreadail bhéisdean 's a' chànain Bheurla,
  Le coin 'g an éigheach 'cur féidh air fògar.

'N uair a chi mi na beanntan àrda,
  'S an fhearann àigh 's an robh Fionn a chomhnuidh,
Cha-n fhaic mi ann ach na caoraich bhàna,
  'S Goill gun àireamh 's a' h-uile còmhail.

Na glinn chiatach 's am faighteadh fiadhach,—
  'M biodh coin air iallan aig gillean òga,
Cha-n fhaic thu 'n diugh ann ach ciobair stiallach,
  'S gur duibhe 'mheuran na sgiath na ròcais.

Chaidh gach àbhaist a chur air fuadach,   .
  Cha chluinn thu gruagach ri duan no òran
Nach bochd an sgeul e gu 'n d' shearg ar n-uaislean,
  'S na balaich shuarach n' an àitean-còmhnuidh?

'N uair a chi mi na lagain àluinn,—
  'A h-uile h-àiridh 'dol fàs le coinnich,
Fo bhadain chaorach le 'n uain 'g an àrach,
  Cha-n fhaod mi ràdhtainn nach b' fhàidhe Tòmas.*

ORAN.

Air Fonn :—*" O ! ho na daoine truagha."*

'Dìreadh a mach ri Beinnshianta,
Gur cianail tha mo smuaintean.

A' faicinn na beinne 'n a fàsaich,
'S i gun àiteach air a h-uachdar.

---

* Fàisneachd Thomais :—
  " Cuiridh a' chaora an soc as an talamh,
    Bi'dh meall òir 'am bun gach glinne,
    'S Albainn 'n a criosan geala."

'Sealltuinn a sìos thar a' bhealaich
'S ann agamsa tha 'n scalladh fuarraidh.

'S lìonmhor bothan bochd gun àird air,
Air gach taobh 'n an làraich uaine;

Agus fàrdach 'tha gun mhullach,
'Us na thulaich aig an fhuaran.

Far an robh 'n teine 's na pàisdean
'S ann is àirde dh' fhàs an luachair.

Far an cruinnicheadh na h-àrmuinn
Feuch a' chaora bhàn le 'h-uan ann.

Ach, 'fhir shanntaich 'rinn an droch-bheairt,
Liuthad teaghlach bochd a ghluais thu !

'S iomadh dìlleachdan 'tha 'n ganntar,
Agus banntrach a tha truagh leat.

An dall, an seann duine, 's an oinid,
'Toirt am mallachd air do bhuaireas.

Smuaintich féin 'n uair théid thu null bh' uainn
Mar bheir Rìgh-nan-dùl do dhuais duit.

B' fhearr gu-n cuimhnicheadh tu tràth air
Mu-n tugadh am bàs do 'n uaigh thu.

An ceannaich thu le beairteas tròcair ?
Cha dean òr gu bràth a bhuannachd.

'Bheil thu 'n dùil gu-m faigh thu sacrsainn
Leis na caoirich 's do chuid bhuailtean.

B' fhearr dhuit beannachdan an fheumnaich
D' an tugadh tu 'n déirc' 'an uaigneas.

B' fhearr a bheannachdan le dùrachd,
Cridhe brùite 'g an cuir suas dhuit.

Ge b'e àit am faigh iad fearann
Mìle beannachd leis na ghluais thu.

Dhùmhlaich an ceò air Beinnshianta,
Thug a' ghrian a sìos an cuan oirr'.

Thàinig duibhre air an iarmailt,
'S cuiridh mise crìoch ri m' dhuanaig.

ORAN.

AIR FONN :—"*Thoir a nall dhuinn am Botal.*"

Trom tiamhaidh mo chridhe aig imeachd troimh 'n ghleann
Gun chòmhail, gun choinneamh, ged 'si 'n Nollaig a th'ann,
Le m' shùil air an fhàsach, 's na làraichean lom,
Far am faca mi 'n Gàidheal ri àbhachd le sunnd.

Cha-n fhaic mi ann duine, ach cluinnidh mi 'n Gall
A' sgriachail r'a chuilein air a' mhullach ud thall ;
'S chi mi na caoirich, 's muilt mhaola nach gann,
'An àite nan curaidh 's nan cruinneagan donn.

Cha chluinn mi 's cha-n fhaic mi na b' aithne dhomh uair,
Ach na cnocan 's na h-easan, 's na creagan ud shuas ;
Bu chaomh leam an sealladh aon choileach air dùn,—
Ged a b' éigin domh bhreabadh, cha bu bheag orm an cù.

Ag ionndrainn nam feara, a' cheathairne chòir,
A bheireadh dhomh cuireadh le furan gun ghò ;
Cha chluinn mi 's cha-n fhaic mi na fleasgaichean òg',
'Dol cruinn air an achadh le 'n camain 'n an dòrn.

'S iad a chuireadh an iomain 's a leanadh i teann ;
Cho luath ri buic carba feadh garbhlach nam beann,—
A bhuaileadh na buillean gu curanta, cruaidh,
A' comh-strì ri 'chéile gun bhréine, gun ghruaim.

'N uair a sgaoileadh an comunn an deighinn trà-nòin,
'S a shuidheadh gach buidheann gu subhach mu 'n bhòrd,
Bhiodh seanfhear an tighe, na mnathan, 's a' chlann,
Ag òl air a chéile gun éislean, gun ghreann.

Am sònruicht' de 'n oidhche 'n uair rachadh iad cruinn,
Bu shunndach 's bu chridheil an fhidheal a' seinn ;
Na gruagaichean téisteil 's na fleasgaichean treun,
A' dannsadh gu h-innealt 's ri mireag gun bheud.

Greis roimh dhcireadh na h-oidhche 'n uair a sguireadh
    a' chuirm,
'S a shuidheadh an còmhlan gu stòlda air na fuirm,
Gu-m b' éibhinn 'bhi 'g éisdeachd nan éideagan grinn,
'Togail nan luinneag cho milis 's cho binn.

Tha mise 'n so 'm ònrachd ag imeachd troimh 'n ghleann,
Mo shùil air an fhàsach le làraichean lom,
B'e 'n t-ioghnadh na-n cinneadh mo chridhe cho fuar,
'S nach tigeadh a' mhuinntir 'am chuimhne 's an uair.

TUIREADH.

'S trom mo ghleus air an stùchd
    Anns an fheasgar chùbhraidh, Chéit';
Dealt nan speur a' teannadh dlùth,
    Inneil chiùil 'am bàrr gach géig'.

Chrom a' ghrian, tha 'n iarmailt ruadh,
    Air cuan mòr nan stuadhan àrd ;
Feuch an long ag éiridh suas,—
    Mar thannasg fuar i seach a' snàg.

Tha 'n oidhche 'teachd le trusgan ciar,—
    Tha 'n àirde 'n iar air dol 'n a smàl ;
Thréig an téis bha 'm beul gach ian,
    Gidheadh cha-n 'eil mi 'triall o 'n àird.

Tha gach dùil 's gach cuileag fhaoin
    Air gach taobh a' gabhail tàimh ;
Ach mise 'am shìneadh anns an fhraoch,
    Fo iomairt smaointean baoth gun stà.

O'n a thàinig mi do 'n t-saoghal
'S beag a rinn mi 'smaointean glic ;
Mar bhlàth cluarain air an raon,
'Ghluaiseas leis gach gaoith a thig.

Gidheadh tha smaointean tiamhaidh, bochd
'Nochd a' mosgladh ann am chrìdh',
Tha mar fhàsaich falamh, fuar,
'S e gun luaidh air neach no nì.

Cha-n 'eil agam leannan gaoil,
No caraid caomh agam fo 'n ghréin,—
Cha-n 'eil agam bean no clann,
No neach a b' annsa leam na 'chéil'.

Amhuil mar bhrùid air a mhàgh,
Gun eagal Dhé, gun ghràdh, gun dùil ;
Cha-n 'eil cùram air mo chrìdh',
'S mi gun nì 's an cuir mi ùigh.

Ard-Rìgh nam feart tionndam riut,
'S air mo ghlùinibh guidheam ort,—
Deònaich dhòmhsa cridhe nuadh,—
Eisd ri m' ùrnuigh thruaigh an nochd.

Doirt a nuas do Spiorad caomh,—
Ris an t-saoghal bheiream cùl ;
Dhuit a mhàin, O ! thugam gaol,
'N ad Aon Mhac féin, O ! cuiream dùil.

Eisd, a Shlànuighir nam buadh,
Ri ùrnuigh thruaigh a' teachd o m' chrìdh';
Tha mo cheum air slighe 'bhàis,
'Triath nan gràsan sàbhail mi.

ORAN.

Tha na siantan air caochladh, tha 'n saoghal fo sprochd,
Chuir an doineann fhuar, fhiadhaich an ianlaidh 'n an tosd;
Tha sneachda trom, dòmhail a' còmhdach nam beann,
A' lionadh nan glacan, 's a' tacadh nan allt,
'S mise 'feitheamh an aisig aig carraig a' chaoil,
Ri smaointean air àbhachd nan làithean a dh' aom.

Ann an làithean ar n-òige dol an còmhail an t-sluaigh,
Cha sheall sinn ach faoin air mar dh' aomas iad 'uainn ;
Cha tig e 'n ar smaointinn cho goirid 's tha 'n dàil,
Gus am brùchd gach leòn oirnn g' ar lùbadh gu làr,
Gun chùram, gun éislein aig teumadh air taobh,
Ar làithean a' snàg uainn gun àireamh air aon.

'N uair a luidheas an aois oirnn 's a dh' aognas ar snuagh,
Ar ciabh 'dol an tainead, agus smal air ar gruaidh,
Bidh teugmhail 'n an còmhlain a' còmhradh gu truagh,
Agus càirdean ar n-òige air sòmhladh 's an uaigh,
'S ann an sin bhios ar cridhe làn mulaid 'us gaoid,
Ri smaointean air àbhachd nan làithean a dh' aom.

O ! Ard-Rìgh na cruinne, ceann-uighe ar dùil,
Air an t-sneachda fhliuch, fhionnar dhuit a lùbas mi glùn ;
'S guidheam gu-n òrduich thu dhòmhsa gu glic,
'Bhi 'cuimhneachadh d'òrduigh'n gu h-umhal 's gu tric,
Chum 'n uair chriochnaicheas m' astar ann an glacaibh an
aoig,
Nach cuimhnich thu m' fhàilinn anns na làithean a dh'
aom.

———

TUIREADH.

Tha mulad orm, tha mulad orm,
Tha cudthrom air mo chliabh
'Am shìneadh air an tulaich ghuirm,
Air m' uilinn anns an t-sliabh,
A' dearcadh far a' mhullaich so
Air a' ghleann 's an d' rugadh mi,
'Cuimhneachadh na bhuineadh dhomh,
'S gach duine dhiubh air triall.

'S iomadh ògfhear curanta
A chunnaic mi 's a' ghleann,
Gu lùthar, làidir, fulangach,
Gun uireasbhuidh, gun mheang ;
Bu chaoimhneil, càirdeil, duineil iad,
Gu bàigheil, pàirteach, furanach,
An sàr dhuin' uasal urramach
'N a churaidh air an ceann.

'N uair chruinnicheadh an còmhlan ud
An dèigh trà-nòin fo bheus,
Gu-m b' fhonnar, binn na h-òigheanan
A' tèiseadh ceòl nan teud :
Cha-n ioghnadh mi 'bhi 'g osnaich,
'S mo chridhe 'bhi 's a' phlosgartaich,
Air n-àile gur a coltach mi,
Ri Oisein 'n dèigh na Fèinn'.

Tha mulad orm, tha mulad orm,
Gur duine mi gun toirt,
A' cuimhneachadh air m' uireas'aibh
Cha-n urra dhomh 'bhi 'tosd,
'Am aonaran 's an t-saoghal so,
Gun phruip, gun taic', gun daoin' agam,
'S mi air an udail fhaontraighe,
Mar fhaoilein feadh nam port.

Tha dealt na h-oidhche 'drùghadh
Air na dh' fhuirich orm de m' chiabh ;
Tha 'n speur a' nochdadh rionnagan
Gu tiugh an ear 's an iar ;
Ag éiridh far na tulaich ghuirm,
A théarnadh leis na mullaichean !
Tha mulad orm, tha mulad orm,—
Cha-n urra mi 'chur dhiom.

ORAN.

AIR FONN :—"*A nochd gur faoin mo chadal domh.*"

'S uain' an fhòid fo'n d' adhlaic iad
　　An ainnir chaomh 's an ùir,
Le sòbhraichean, 's le neòineinean,
　　Am measg nam feòirnein dlùth ;
Ach spiolam 'nuas an fheanntag so,
　　Cho coimheach, feanntaidh, gnù,—
Cha shamhladh air an ainnir thu,
　　'G an robh an aigne chiùin.

Cha shamhladh air an ainnir thu
　　'G an robh an aigne chiùin,
Nach deanadh lochd, 's nach tugadh beum,
　　Nach nochdadh eud no tnù ;—
Bha seirc, 'us gràdh, 'us bàighealachd
　　Gu h-àilidh ann ad ghnùis.
Cò 'chunnaic thu gun ghaol thoirt duit ?
　　Cò 'bhruidhneadh ort gun chliù ?

'S trom an diugh mo smaointinean,
　　A' cuimhneachadh aig d' uaigh,
Am feasgar ciùin a dhealaich sinn
　　Le beannachdan 'g an luaidh ;
Cha robh lochd 'n ar conaltradh,
　　No brosgal, cleith, no cluain ;
Ach seirc, 'us gràdh, le ceanalas,
　　'Us carantachd le stuaim.

Bu ghearr an ùin' 'n a dhéigh sin
   'N uair thàinig sgeul a' bhròin,
Nach fhaiceamaid ri 'r maireann thu
   Air thalamh anns an fheòil ;
Tha do chré 's an duslach,—
   Tha mis' an so gun treòir,
'Am dhuine tuisleach, euslainteach,
   Am sheasamh crom aig d' fhòid.

'Am sheasamh crom a' dearcadh
   Air na leachdan 'tha mu-n cuairt,
Le m' chiabhan liath air tanachadh,
   'S a' ghailionn air mo shnuadh ;
Tha 'n Aois a' teachd am fagus dhomh,
   A' bagradh orm gu truagh,
Le mìle gaoid 'us an-shocair,
   'G am theannadh ris an uaigh.

Chi mi thar a' mhonaidh ud
   Air coimhead os mo chionn,
An duibhre air na mullaichean,
   'S an rionnag a' tighin dlùth ;
Tha dealt na h-oidhch' a' tèarnadh orm,—
   Cha léir dhomh nis, fo m' shùil,
Cho uain' 's tha 'n fhòid fo 'n d' adhlaiceadh
   An ainnir chaomh 's an ùir.

BIDH MI GA D' CHAOIDH.

Seisd.—Ho ró, gu'm bi mi ga d' chaoidh ri m' bheó,
   Ged 'thréig thu mise cha lugh 'd orm thu ;
   Na'n tigeadh tu fhathast bu tu m' aighear 's mo
     rùn,
   'S na 'm faighinn do litir gu'n ruiginn thu nùnn.

Thoir an t-soraidh, ceud soraidh, thoir an t-soraidh so
    uam,
A dh' ionnsuidh nam porta thar osnaich a' chuain,
Far an d' fhàg mi mo leannan, caol-mhala gun ghruaim,
'S gur cùbhraidh' leam d' anail na 'n caineal 'ga bhuain.

'S 'n uair ràinig mi 'n cladach bha m' aigne fo phràmh
A' cumha na maighdinn a's caoimhneile gràdh.
'S 'n uair ghabh mi mo chead di air feasgar Di-màirt
Gu 'n deach' mi 'n tigh-òsda a dh-òl a deoch-slàint'.

'S e so an treas turas dhomh féin a bhi falbh,
A dh' ionnsuidh na luinge le sgiobair gun chearb,
Le còmhlan maith ghillean nach tilleadh roimh stoirm ;
'S na 'm biodh agam botal gu 'n cosdinn sud oirbh.

Ged théid mi gu danns', cha bhi sannt agam dha,
Cha 'n fhaic mi tè ann a ni samhladh do m' ghràdh ;
'N uair dhìreas mi 'n gleann, bidh mi sealltain an àird,
Ri dùthaich nan beann, 's a bheil m' annsachd a' tàmh.

Bheir i bàrr air na ceudan an té 'tha mi 'sealg,—
I 'n gnùis mar an reul a bheir leus fad' air falbh,
Mar ròs air a' mheangan, tha 'n ainnir 'n a dealbh,
'S ged sgàineadh mo chridhe, cha 'n innis mi 'h-ainm.

SEINN AN DUAN SO, HUG IRI HU O.

Seinn an duan so, hug ìri hù o,
Do'm chailin dualaich, hug o ro ì,
A's deirge gruaidhean 's a's duinne cuailein,
'S gur lìonmhor buaidh a th'air luaidh mo chridh'.

’S ann Di-Màirte bho cheadh’ Loch-Aluinn,
A dh’fhalbh mo ghràdh-sa le bàt’ na smùid ;
Bu luath a ceum ’dol gu tìr na Beurla,
’S tha mi fo éislean air bheagan sunnd.
Seinn, etc.

’S gur ann le bàta nan roithean làidir,
’S nan cuibhlean pràis ’s iad a ghnàth ’cur strìth ;
Fear ga ’stiùradh gu làidir, lùghmhor,
’S e ’deanamh iùil dhi gu Diùra shios.
Seinn, etc.

Gur h-ioma peucag a chi thu’n Glaschu,
Le’n éideadh maiseach ’s le’m fasan ùr ;
’S ann bhios tu, eudail, mar reult na maidne
’Cur neul le airsneul air dreach an gnùis.
Seinn, etc.

’S truagh nach robh mi leat thall an Eirinn,
’Us m’aitribh féin an taobh thall do’n chuan—
Dh’aithnichinn m’eudail am measg nan ceudan,
’Us i mar Bhénus ag éirigh suas.
Seinn, etc.

Tha do chòmhradh gu blasda, binn leam,
Pòg is millse na mìl an fhraoich,
D’ anail chùbhraidh ’tha mar na h-ùbhlan,
Tigh’n réidh, gun tùchan, o d’ mhuineal caoin.
Seinn, etc.

’S tha do shùilean mar na smeuran,
Mar ròs an gàradh tha do dhà ghruaidh,
Mar choinnle céire, ’s iad laist’ le chéile—
’S gu ’n aithnichinn m’eudail am measg an t-sluaigh !
Seinn, etc.

Té cil' fo 'n ghréin cha 'n 'eil ri fhaicinn,
Is bòidhche maise na bean mo ghaoil !
Dà shùil mhiogach, mheallach, lionta,
Fo 'n rosg shìobhalt, dh'fhag m'inntinn faoin.
Seinn, etc.

'S tric a bha mi fo sgàil nan craobh leat,
'Us lagan fraoich air gach taobh dhinn fhìn,
Bu leam do chòmhradh 's le d' dheòin do phògan,
'S tha mi fo leòn bho'n là dh'fhàg thu'n tìr !
Seinn, etc.

DO'N OLLA IAIN MACLACHUINN, NACH MAIREANN,

A CHAOCHAIL 'S A' BHLIADHNA, 1874.

LE DONNACHADH MAC A' PHEARSAIN.

AIR FONN :—"*Mort Ghlinne-Comhunn.*"

Fhuair mi naigheachd do bhàis ;
'S ioma h-aon a bhios cràiteach g'a luaidh ;
Sàr cheann-feadhna nan Gàidheal
'N diugh bhi g'a chàradh 's an uaigh.
Bu tu lighich' na slàinte,
'Dheanadh cobhair air càch a bhiodh truagh ;
Och ! mo sgaradh, 's mo chràdh-lot,
Gun d'rinn thu ar fàgail cho luath.

'N uair a thàinig a' chrìoch ort
'S a chualas thu 'shaoi bhi gun deò,
Bu mhòr mulad do chàirdean
Trom dubhach, gun mhànran, gun cheòl ;

Do phiuthar euslainteach, aosda
Gun fhurtachd no faochadh, g' a leòn,
'Bualadh bhasan 's a' caoineadh—
Chuir an tuireadh ud gaoir ann am fheòil.

'S ann air Ceadh' Thobar-mhoire
A bha 'm bròn aig luchd comuinn do ghaoil;
Bha na bochdan gu h-àraidh
Ag osnaich, 's bu chràiteach an glaodh;
Chruinnich maithean an àite,
Le onair 'cur àird air an aog;
'S ghléidh iad sùil air a' bhàta
'Dol gu Fionnairidh sàbhailt' troimh 'n chaol.

'S ann 's a' Chnoc 'chaidh do chàradh,
Anns an ùir a bha nàdurr' do d' sheòrs',
Taobh a' Chaoil 's am bi 'chàlach,
'S na luingis fo làn an cuid seòl.
Tha thu 'd chliù 'dh' Earraghàidheal,
'S do 'n dùthaich a dh' àraich thu òg,
'S fad 's a bhruidhneas sinn Gàidhlig,
Cumar cuimhn' air do bhàrdachd, le ceòl.

'S ann 's a' Mhorairne Ghleannaich
Fhuair thu d' àrach a' d' leanabh 's tu òg,
An Rathuaidhe nan liosan
'S an cinneadh na measan 's am pòr—
An gleann neòineineach, sgiamhach,
'S uaine lurach a llanagan feòir
A's aosda craobhan fo iadh-shlait
'S na h-eòin ag airsinn gu lionmhor 'n a meòir.

Do chridhe mòr duineil, eàirdeil,
A' soillse mar ghréin ann ad chliabh,
Fear do dh' oighreachan nàduir
Mar chluaran crùint' àillidh nan sliabh,

Thuit ort cleòca na bàrdachd—
Dìleab Oisein a dh' fhàg e o chian;
Bha thu léirsinneach, fiosrach,
'S cha b' i 'ghéire gun tuigse do mhiann.

'S ioma té a thug gaol dhuit,
'S cha b' ann mìodalach, faoin a bha 'n gràdh,
Rinn thu 'n cridheachan aomadh,
'S iad air mhire gu d' fhaotainn air làimh;
Sgaoil na lasraichean gaoil ud,
Mar fhaluisg ri fraoch nam beann àrd;
O'n 's ann dìomhain bha 'n saothair
Chunnt iad aighear an t-saoghail na chràdh.

'N àm suidhe 's tigh-thàirne,
'N uair 'chruinnicheadh na Gàidheil mu 'n bhòrd,
'Cur mu 'n cuairt na deoch-slàinte,
'S tu 'dheanadh a pàigheadh, 's a h-òl ;
'Sunndach 'sheinneadh tu 'n duanag.
Le botal 'us cuach ann ad dhòrn
'N uair bhiodh bodaich do dhuthcha,
'S an cridhe g'a mhuthchadh le bròn.

Smeòrach cheòlmhor Chloinn-Lachuinn
'S tric chuir aighear an tighean a' bhròin,
A' seinn mar eòin cadar chrannaibh
'Maduinn Chéitein 's a' bharrach—be 'n ceòl !
Crùn lurach nam flùran,
Tha cliù ort a' d' dhuthaich bho d' òig,'
Gnùis àillidh an fhiùrain,
'S ioma té leis 'm bu chliùiteach do phòg.

Ged is dàna dhomh labhairt,
Mu mhaitheas 'us flaitheas an Rìgh,
Tha mi 'n dochas le aighear
Nach robh amhuinn Iordain dhuit clì—

Gu-n do threòraich an Slànuighear
Troimh gheata nan gràs thu le sìth
Am measg mhìlltean do-àireamh
A' sheinn air a ghràdh 'tha gun chrioch.

A. SINCLAIR, Gaelic Printer, 62 Argyle Street, Glasgow.

www.ingramcontent.com/pod-product-compliance
Lightning Source LLC
Chambersburg PA
CBHW032118080426
42733CB00008B/977

*9 7 8 3 3 3 7 1 8 1 1 4 7 *